www.ingramcontent.com/pod-product-compliance
Lightning Source LLC
LaVergne TN
LVHW020510080526
838202LV00057B/6273
9781990153587